Naiem Ahmadinejadfarsangi

Temps d'amour

Naiem Ahmadinejadfarsangi

Temps d'amour

Élu du Festival littéraire du CERN

Éditions Muse

Imprint

Cover image: www.ingimage.com

Publisher:
Éditions Muse
is a trademark of
Dodo Books Indian Ocean Ltd. and OmniScriptum S.R.L publishing group

120 High Road, East Finchley, London, N2 9ED, United Kingdom
Str. Armeneasca 28/1, office 1, Chisinau MD-2012, Republic of Moldova, Europe
Printed at: see last page
ISBN: 978-620-4-96523-9

temps d'amour

Naiem Ahmadinejadfarsangi

Table of Contents

D'abord

Les oiseaux soupirent

Les fleurs versent des larmes froides en se souvenant des jours passés

La lune pâle pleure amèrement

Malheureusement, le ciel pleurait en silence

Je sais que le ciel pleure silencieusement pour lui

pour moi

il partait

Il allait en silence

Attendez, commençons par le début

Mais il n'a pas crié

il est retourné

Je voulais crier pour l'amour de Dieu, pardonne-moi

Je n'ai pas crié, je n'ai pas crié

Il allait en silence

Je voulais qu'elle soit noble et élégante

Maintenant il y a une profonde tristesse dans mon âme

Elle était fière et belle et j'étais timide et moche

Comme notre sort était triste

Si nous étions tous les deux pareils, il m'aimerait d'un amour unique

Et je pourrais l'aimer si Dieu m'avait fait belle et lui laid.

Deuxième

Par une belle nuit d'automne

Mon coeur pensait qu'il était amoureux

Cette nuit-là, les étoiles me souriaient, elles savaient que j'étais heureux

Cette nuit-là, un rêve est né entre nous, ou du moins moi

je me noyais dans la mer

Tu m'as regardé et puis tu m'as étouffé

Des bulles sortaient de ma bouche en criant

Ils sortaient de ma bouche quand j'essayais de respirer

Mère

Mère m'a toujours prévenu à ce sujet

Il pointait toujours du doigt les gens que je ne devrais pas aimer

Alors que j'essayais de nager hors de la mer

Tu viens de me faciliter la noyade

Un requin à pleines dents avec un fort sourire puant la terreur

Il a attaqué mon cœur et a ouvert la bouche pour mordre

Le requin a mâché mon cœur et l'a avalé tout entier

Mon âme était brisée

Parce que l'amour qu'il ressentait n'était rien de plus qu'un mirage

Je l'ai su quand j'ai vu comment il riait et mon cœur s'est brisé

J'ai voulu me réfugier sous tes baisers

Mais quand une petite lumière est passée par la fenêtre de ma chambre et a forcé mes yeux à se réveiller

Ça m'a traversé l'esprit

Un rêve qui ne pouvait faire la distinction entre fantasme et réalité.

Troisième

Un poignard pointu a transpercé mon cœur

Il n'a fallu que quelques mots, mais ses mots ont approfondi ma blessure

Voler a affaibli mes émotions

Une place dans mon cœur était réservée pour toujours

Pour quelqu'un que j'aimais mais que je ne méritais pas

Il a tordu le poignard

l'a séparé

Il a volé ce qui restait

Il a volé un coeur brisé

J'ai eu l'impression de tomber dans l'abîme le plus sombre pendant un moment

Quand j'ai ouvert les yeux tu étais parti

Avec mes joies et mes peines

Avec mes secrets et mes souvenirs

avec ma vie

Je savais que ça finirait par arriver mais ça faisait plus mal que je ne le pensais

Les larmes ont coulé comme une tempête et ont rapidement noyé les espoirs de ma vie

J'ai essayé de te détester mais je ne l'ai pas senti

Ce soir j'ai enfin compris

J'ai réalisé que je vivais sans cœur depuis ce jour.

uatrième

Tu as parlé avec des mots qui se sont infiltrés dans tes cordes vocales comme du poison

Tu as habilement planté ton piège

Tout ce qui était ouvert était ma confiance

Je pensais que ton étreinte était si chaleureuse

Maintenant la seule chaleur que je ressens

C'est mon sang qui coule de mon âme

Mes cinq sens sont engourdis

Je crie de plus en plus fort

Mais personne ne m'entend

Regarde-moi, regarde ce que tu m'as fait

Mes pommettes me font mal de colère

Priez pour vous de la meilleure façon possible

Priez ne voyez pas mes yeux

Ils savent maintenant ce que tromperie veut dire

Tu leur a appris à détester

La pluie criait de pitié ce jour-là

La ville dormait

La ville était froide et silencieuse

Tristesse dit d'être patient

Cent ans, juste cent ans.

le cinquième

je veux m'enfuir

De cette douleur que tu as gravée dans mon coeur

Je veux crier, pleurer

Mais je ne peux pas

Je souffre beaucoup et cela me rend lentement fou

J'ai l'impression d'être tombé du ciel comme la pluie

Garde-moi dans tes souvenirs pour la dernière fois

Je te donne mes dernières larmes

Les larmes qui proviennent de mon désir

Je me tenais à côté du précipice

Ma tête a commencé à tourner

J'ai fermé les yeux avec mes mains

Je me suis souvenu de cette phrase

Dis-moi, est-ce que les poissons pleurent quand la mer les trahit ?

Il murmura avec un soupir fiévreux

Les poissons se brisent sur les rochers quand la mer les trahit.

Le soleil s'en va et la lune revient

Je suis assis près de la fenêtre et les étoiles brillent de mille feux et des larmes coulent de mes yeux

Mes larmes provoquent un court-circuit

Et l'instinct d'aimer me rapproche

Quoi qu'il en soit, nous devions tous les deux partir

Bénie soit la vie qui nous a permis de nous connaître

Mon coeur me fait mal

Mon âme est vide

La dernière étoile brûle mais quelque chose tourmente mon âme

La douleur de la séparation, de la solitude et du regret

Tout fusionne en une seule grande blessure

Aujourd'hui, je suis seul à boire du poison dans un verre.

Je pensais que ça durerait pour toujours

Mais même le plus grand amour n'a pas résisté au temps

Notre amour intense a été éteint par la pluie et perdu comme des cendres dans le vent

Maintenant la pluie me fait pleurer

Je pense qu'il y a encore de l'amour

Je ne sais pas pourquoi j'insiste

Comme une prière désespérée

Oh chéri

Depuis la nuit des temps

Je t'aimais désespérément dans l'ombre

Maintenant seul l'automne est triste

L'espoir a fleuri dans mon esprit au mauvais moment

Tu tourmentais mon âme dans son indécision et me condamnais à être témoin de mon propre tourment

Seule la lune et la nuit étaient témoins

De verser mes larmes amères dans de vaines prières

Je ne sais pas si c'est mes pleurs ou la pluie

Ce qui glisse sur mes joues

Je ne sais pas si je peux continuer à porter ces souvenirs, cette douleur et cette souffrance

La pluie m'a donné des moments agréables

Mais maintenant ils sont tous mouillés et le vent les emporte avec eux

Ô mon doux et cruel amant

Au revoir et au revoir pour toujours

J'enterre cet amour malheureux

qui a commencé au printemps

Et à l'automne, il a été lentement détruit

Tristes souvenirs d'un amour crucifié.

Huitième

Oh mon Dieu, quel tourment

Je sais qu'il m'aime

Eh bien, je l'aime aussi

Ses lèvres me refusent

Mais jamais ses yeux

Il a la clé de mon coeur sur ses lèvres

Son regard contient un trésor interdit

Ce regard soulage ma souffrance

Pourquoi l'orgueil a-t-il supprimé cet amour ?

J'ai été brûlé mais pas mort

Je me suis propagé mais pas résolu

je pleure aujourd'hui

je pleure tous les jours

Mes larmes remplissent les rivières

La tristesse est ma nourriture

Son âme dort dans mon coeur

Oh mon Dieu, quel tourment

Je veux juste qu'il m'aime comme je l'aime

Mon Dieu, tu sais tout

Dis-moi comment il se sent

je sais qu'il m'aime aussi

Dis-moi que ce n'est pas que dans ma tête.

neuvième

Comme le temps est cruel

Il faut tout

mes journées

mes rêves

mes rêves

Et tous mes sentiments

je veux l'arrêter

Mais je ne peux pas

Rends-moi son temps

je vous prie de me le rendre

Je crie:

Rends-la, je ne peux pas vivre sans elle

Avec ma main, j'essuie les larmes de ma joue et quelque chose
de pointu clignote dans ma paume

Si vous ne le réécrivez pas, regardez et voyez à quelle vitesse un corps se refroidit

Une coupe et bientôt deux cœurs sont réunis

Voyez de quoi un homme est capable quand vous osez lui retirer son amour.

le dixième

Un meurtre s'est produit

Mais celui-ci a une torsion

C'était la victime de mon innocence

Ce n'était pas une scène de crime ordinaire

Il n'y a pas de sang et de gori

Parce que la victime est mon corps

Alors que je suis allongé sur le sol, les seules preuves qui restent sont ses empreintes digitales sur mon âme

Il n'y a pas de témoins

C'est juste mes deux yeux, mais ils ne peuvent même pas voir ses mensonges

Plus aucun indice

Il n'y a aucune trace sauf les souvenirs en moi que je ne pourrai jamais effacer

La police n'a jamais retrouvé mon corps, je suis prisonnier dans ma peau

Ce n'est pas un meurtre ordinaire

Pourquoi ne voient-ils pas ?

Regarde-moi, regarde ce que tu m'as fait.

Onzième

Ô mémoire, tu es mon seul ami

Ce que le destin m'a pris, tu me reviens

Le bonheur est parti depuis longtemps, le voir dans mes rêves m'est à nouveau doux

J'aime mes jours passés, pleins de pensées, de rêves, d'espoirs, de plaisirs

Je veux te chanter, donner vie à mes cordes, mon écho, ta voix est compréhensible au cœur, et ta joie est vive et ta tristesse est agréable.

Alors, je dois tout à tes rêves d'accueil

Ô mémoire, tu es plus fidèle que l'amour

Un amour trompeur et triste

O souvenir, tu étais dans mes pires jours

Tu as entendu mon cri comme si c'était une belle mélodie

Ô mémoire, ô reine de mon silence

Reine de mes moments tristes

Je veux être seulement avec toi

Invisible comme le vent mais présent à chaque instant

Imaginaire comme une histoire mais réel pour provoquer mes souffrances

Ô mémoire, je ne sais pas vivre sans toi

De toute ma vie, je ne pense qu'à la souffrance, et dans cette souffrance, seuls tes chuchotements m'apaisent.

douzième

Je me souviens d'un souhait impossible

Un désir qui brûle le sang

Je me souviens de l'affection et de l'amour

Je me suis souvenu de l'affection et de l'amour, et avec le temps, un flot de larmes sèches est venu à la vie

Et seuls les souhaits restaient constants avec le même regret

Le cœur voulait à nouveau des larmes chaudes et de nouvelles caresses et inspirations

Je me souviens encore de tes beaux yeux qui ont touché mon âme

Mais maintenant seul le froid après-midi m'a embrassé, et mon cœur s'est refroidi et tremble pour un triste souvenir.

Mon ciel s'assombrit

J'ai quarante ans

Les rossignols se tairont et le froid soufflera et les beaux jours de printemps s'estomperont pour toujours

Et les jours d'errance viendront

Des jours pleins de regret, de doute et de tristesse

Que me promet la vie quand ma poitrine me fait mal sous le poids de la souffrance ?

Peut-être que cela donnera de l'amour et du bonheur? Oh non

Il mentira en tout, il trompera en tout

Pour mon bonheur, l'amour m'a été donné par Dieu et la vie m'a été donnée pour le bonheur

Mais il y avait beaucoup de tristesse dans ce bonheur.

le quatorzième

Le ciel pleurait en silence et ton fantôme est apparu à la fenêtre de ma chambre comme un cadre d'un tableau ancien et triste.

Je t'ai revu dans mon rêve

Il a longtemps tenu son cœur

Tu m'es apparu

Pourquoi te réveilles-tu à nouveau dans mon âme avec une puissance douloureuse, ô ma peine et ma joie d'hier ?

Ma vie est comme un cauchemar

Mes rêves inaccessibles

Je ne peux pas vivre dans le présent

J'aime les rêves agités

Des rêves qui brillent sous le soleil brûlant et scintillent sous la lueur moite de la lune.

quinzième

Reviens, mes beaux moments terrestres

Les merveilleuses minutes de la vie, la conversation silencieuse des âmes aimantes et un baiser et un regard heureux et un bel oubli du monde

Je t'ai perdu et l'obscurité est entrée dans mon esprit

Mon cœur s'est desséché dans un vide suffocant

Et ma vie est figée dans une fierté sans but

Et le regret qui me tourmente

Combien de temps avant que je boive ton scintillement ?

Combien de temps faut-il pour vous sentir?

Je volerai vers vous comme les esprits des étoiles après la mort.

le seizième

Je veux te parler du jeu auquel je joue

Où je ferme les yeux et m'évanouis

Je flotte à un certain endroit

Au-delà des étoiles, de la lune et de l'espace

Tout est beau dans cet endroit

Il n'y a rien d'autre que l'amour et nous ne nous battons jamais

Il n'y a pas de tristesse dans cet endroit

Il n'y a pas de cellule, de tribunal ou de folie

Il n'y a pas de règles à suivre et pas de règles à enfreindre

Mais finalement le jeu doit se terminer

Mes yeux doivent s'ouvrir et la réalité s'installer

Mais un jour bientôt

Je vais fermer les yeux et rejouer mon jeu.

dix-septième

Laisse-moi partir un jour

seul

Laisse moi dormir une nuit

pas de mémoire

Laisse moi fuir les rêves

Les rêves ne me rendent plus heureux

Laisse moi me noyer

Dans ces larmes que tu as causées

Laisse moi me poignarder dans le dos

Avec ces parties brisées de mon coeur

Laisse moi me perdre

dans l'obscurité de mon esprit

laisse moi fondre

de la chaleur de ma colère

laisse moi geler

de la froideur de ton coeur

Je me sens étouffé dans ce corps froid

Voici ma part

On voit que je suis condamné pour toujours

Ce sont les jugements du destin

Des larmes amères versées sans murmure

Non, j'irai mieux bientôt, laisse-moi sombrer dans la tombe

Seulement là puis-je, et seulement en Lui, guérir toutes les forces brisées

je donne

C'est seulement là que je peux me reposer

Et j'oublie ces durs tourments

Seule la poitrine n'est pas inquiète et entend des sons tristes

ne peut pas

Je t'ai aimé comme un fou

Tu es mon grand silence

Tu es la mer de tristesse, la beauté de mes nuits

Je rampe comme un ver et je sens le cadavre de ma tombe.

le dix-huitième

Perdue dans le chemin de l'amour, je marche dans l'amour injuste et interdit qui condamne mon cœur au lac des larmes. Un amour traître qui m'enchaîne à des souffrances éternelles.

Je marche encore, quand des petits cailloux me font mal aux pieds, je marche comme un fou, même quand il n'y a pas d'eau pour étancher ma soif.

Une soif que seul l'amour peut satisfaire, même si je suis un garçon misérable, je marche enchaîné vers mon rêve éternel et il n'y a pas de retour en arrière.

Et les mirages essaient de tromper ma conscience avec des plaisirs perfides. Je vois des dames à la peau blanche qui mouillent mes lèvres avec du miel, mais ce ne sont que des sirènes, qui sont le reflet de ce que je veux voir.

Je marche dans la torture de mes illusions, je suis un voyageur en quête d'amour, un amour qui est comme la pluie qui arrose l'herbe verte, un amour qui guérit et fait renaître mon cœur mourant.

Par conséquent, j'espère rencontrer mon ami dans cette vallée solitaire, puis je marche vers vous avec cette foi qui ne tombe pas sur le chemin de mon corps.

XIXe

emmène-moi avec toi

Au monde où l'amour est le printemps

Où les baisers ne me manquent jamais

Où je t'aime est éternel

Où ta voix est ma mélodie

emmène-moi avec toi

Pour découvrir le véritable amour

Un amour éternel, comme ton sourire

Un amour sincère, comme tes mains

Un amour clair, comme tes yeux

emmène-moi avec toi

Vers une nuit de plaisir. Une nuit, où l'on voit le lever du soleil

Une nuit d'étoiles drôles

Une nuit inoubliable et inoubliable

emmène-moi avec toi

dans les bons moments

Aussi bon qu'une belle journée ensoleillée

Bien comme les jours d'été sans douleur

Bon et honnête comme notre amour

emmène moi juste avec toi mon amour.

la vingtième

Voici mes mots qui t'attendent

Boire et se saouler

Ils savent se prononcer

en ton nom

Un labyrinthe dans lequel je me perds

Je me souviens encore du poème que j'ai écrit

Une chanson que j'aime porter entre mes lèvres

Pour crier je t'aime pour toujours.

vingt et un

Ta voix est un beau poème...

Pour mon âme fragile

Désespéré d'amour, je t'aime

Comme la douleur que nous chérissons.

Grâce à la nostalgie

Tu es revenu des profondeurs du passé...

O mon amour blanc et lointain

Je t'adore comme des lotus

Ils disent que la mémoire s'estompe

Mais comment puis-je oublier?

Ta voix, une voix qui était très douce

S'il te plaît, dis-moi que tu m'aimes aussi ?

Ton âme avait la blancheur des gros lys à l'époque

Laisse le chant des vents balayer les pierres de la terre

L'amour était encore un mystère pour toi

Et ta sainte honnêteté a coulé dans les rides

Au moment où la lune d'austérité perce le ciel

Je t'ai vu, je t'ai aimé, je ne pouvais pas te le dire

Tu as cousu les yeux de ta jeunesse sur mes yeux

Un éclat de clarté pure et romantique

Ton front est rouge... tu n'oses pas dire

Et l'aveu défaillant, dans un soupir fiévreux, Tu l'as forcée de ton cœur à errer sur tes lèvres, Où je l'ai recueillie dans le premier baiser.

vingt-troisième

Tu me façonnes, tu dessines les lignes de mon être, comme un sculpteur au travail, tu ne cesses de travailler avec moi, avec tes mots, avec tes mains, avec tes caresses, avec tes baisers, avec ton amour.

Vous êtes la mer qui meurt sur le rivage, vague après vague, ce plan change la terre et ce continent donne sa place à ce continent.

Vous êtes le vent qui joue dans les arbres, un son familier qui souffle sur le sol, caresse et sème, et la nature s'éveille et s'épanouit au cœur de ce vent magique dans une nouvelle saison.

Tu es ma reine, tu m'aimes malgré tout et quand je ne m'aime plus, quand je ne vois plus mes défauts,

Tu deviens ce noble seigneur, toujours fidèle.

Vingt-quatrième

Vos yeux ont quelque chose de magique.

Un rayonnement divin, une fleur érotique.

Quand je te vois, tout est rose, même les nuages...

J'embrasse le bonheur sur ton visage

Tes yeux sont de la couleur du soleil

Ce sont deux grottes d'émerveillement

Tes yeux sont plus beaux que le ciel

C'est un monde éternel

Sans ton regard doux et glamour

Je ne sais pas où aller et comment survivre

Parce que tes yeux me donnent force et raison

Même s'ils me rendent ivre.

Si la terre s'effondre, si le soleil disparaît,

Si la mer s'assèche de toutes ses écailles,

Je sais comment reconstruire le monde entier

Seulement dans ton regard, je trouve les clés

Je découvre la vraie vie dans tes yeux

Le goût du ciel et les joies d'être amoureux.

Vos yeux sont les diamants les plus purs.

Je comprends tes secrets les plus intimes, tes sentiments

Je sais quand tu as mal et quand tu as peur

Je lis dans tes yeux ce que tu caches dans ton coeur

Votre regard est le roman le plus attrayant disponible

J'y vis, j'y vis des aventures, c'est plein de bonheur et d'espoir.

Tu m'inspires d'innombrables poèmes

Quand je suis au fond de moi, je comprends que tu m'aimes

Tes yeux sont mon trésor le plus cher

Les pierres les plus précieuses de la terre

Parce que je peux avouer à tes yeux

Ce que je n'ose pas te dire en personne

Tes yeux sont les plus beaux yeux du monde

Quand je les rencontre, tout s'arrête, même les secondes...

Ton regard est l'océan de gloire

J'apprends dans tes yeux ce que mon coeur ne sait pas

Tes yeux sont les étoiles de mes jours

Ton regard est le soleil de mes nuits

Tu es le rêve de ma vie.

Tes yeux sont des pétales d'amour.

référence

- Cet amour fou de Naiem Ahmadinejadfarsangi

- Passion d'amour de Naiem Ahmadinejadfarsangi

- Ici le ciel est gris de Naiem Ahmadinejadfarsangi

- Dans mon coeur par Naiem Ahmadinejadfarsangi

Printed by Books on Demand GmbH, Norderstedt / Germany